하루 두 장 맞춤법 완전 정복 홈

"마법의 맞춤법 띄어쓰기"

6 틀리기 쉬운 외래어 완전 정복

생각디딤돌 창작교실 엮음
동리문학원 감수
문학나무 편집위원회 감수

생각디딤돌

차례

틀리기 쉬운 외래어

1 ㄱ / ㄴ / ㄷ / ㄹ / ㅁ / ㅂ / ㅅ 으로 꾸며진 낱말

2 ㅈ / ㅊ / ㅍ / ㅎ 으로 꾸며진 낱말

낱말을 분명히 맞게 쓴 것
같은데 왜 틀렸지?
《틀리기 쉬운 외래어 완전 정복》으로
국어 왕이 되겠어!

하루 2장의 기적!
틀리기 쉬운 외래어를 정복하고
국어 왕 되기!

틀리기 쉬운 외래어 완전히 정복하기!

언어를 빠르고 편하게 배우고 익힐 수 있는 방법은 아빠, 또는 엄마한테 배우는 것입니다. 아기는 아빠나 엄마 등 가족의 말을 반복해서 듣고 자라면서 자연스럽게 언어를 배우고 익힙니다. 그런 것처럼 초등 한글 맞춤법도 틀리기 쉬운 낱말을 반복해서 배우고 익히다 보면 자연스럽게 내 것이 됩니다.
동화책이나 다른 여러 책을 읽을 때는 재미 위주로 읽기 때문에 낱말을 정확히 기억하기 어렵습니다. 하지만 《틀리기 쉬운 외래어 완전 정복》은 틀린 줄도 모른 채 넘어갈 수 있는 단어들을 정확하게 머릿속에 입력할 수 있도록 꾸몄습니다. 아기가 엄마가 하는 말을 반복해 들으면서 완전하게 따라 하듯이 말이죠.

모든 교과 학습의 시작인 글자 바로 쓰기!

누군가 읽기도 어렵고 함부로 휘갈겨 쓴 손글씨를 보여 준다면 썩 기분 좋은 일은 못 될 것입니다. 반대로 바른 글씨체로 또박또박 쓴 손글씨를 읽는다면 그 글씨를 쓴 사람에게 높은 점수를 줄 것입니다.
스마트폰이 보급되고 멀티미디어 교육 환경이 갖추어지면서 글씨를 쓰는 일이 많이 줄어들고, 컴퓨터 키보드나 스마트폰 터치를 통한 타이핑이 더 익숙해졌습니다. 하지만 바른 글씨는 실제로 학습에도 영향을 미친다는 것을 잊지 말아야 합니다. 《틀리기 쉬운 외래어 완전 정복》에는 안내 선이 표시되어 있어 안내 선을 따라 글씨를 쓰다 보면 바른 글쓰기 훈련을 할 수 있습니다.

미래의 경쟁력인 글쓰기!

미국 하버드 대학이 신입생 대상 글쓰기 프로그램을 의무화한 것은 1872년입니다. 자그마치 거의 150년 전입니다. 자기 분야에서 진정한 프로가 되려면 글쓰기 능력을 길러야 한다는 것이 목적이었습니다. 우리나라는 어떨까요? 서울대는 2017년 6월에야 '글쓰기 지원 센터'를 설립했습니다.
어느 분야로 진출하든 글쓰기는 미래 경쟁력입니다. 《틀리기 쉬운 외래어 완전 정복》은 짧은 글이라도 매일 써 보는 훈련을 할 수 있도록 꾸몄습니다. 따라 쓰기를 하다 보면 내 글이 자연스럽게 나오기 때문입니다.

짧은 글이라도 매일 써 보는 훈련의 필요성!

어린이들이 글쓰기를 즐기게 하려면 제일 먼저 해야 할 일이 '원고지 만만하게 보기'입니다. 어떤 글이든 빨간 펜으로 일일이 교정을 해 주기보다는 칭찬을 먼저 해 준다면 '원고지 만만하게 보기'는 아주 쉽게 해결될 것입니다. 《틀리기 쉬운 외래어 완전 정복》 교재를 통해 우리 어린이들이 글쓰기를 두려워하기보다는 '쉽고 만만한' 재미있는 놀이로 여길 수 있기를 기대해 봅니다.

틀리기 쉬운 외래어

순우리말에 이끌려서 우리말처럼 쓰이는 외국말을 외래어라고 해요.
어느새 우리 곁에는 외래어가 자연스럽게 자리를 잡았어요.
빵, 버스, 피아노, 라디오 등 많은 외래어가 순우리말처럼 여겨질 정도예요. 국어 사전을 보면 수없이 많은 외래어를 볼 수 있어요.
외래어는 '외래어 표기법'에 따라 일정한 기준으로 적도록 되어 있어요.
이 장에서는 우리가 꼭 알고 있어야 할 외래어를 한자리에 모았어요.

가스레인지(○) 가스렌지(×)

가스레인지(gas range)는 가스를 연료로 사용하여 음식을 조리하는 기구입니다.

가스레인지 위에 올려놓은 주전자에서 물이 끓고 있어요.
가스레인지가 있어서 여러 가지가 편리해요.

따라서 써 볼까요?

엄마가 가스레인지를

엄마가 가스레인지를

새로 구입했어요.

새로 구입했어요.

(　　) 안의 틀린 낱말을 바르게 써 볼까요?

휴대용 (가스렌지)를 사용했어요.

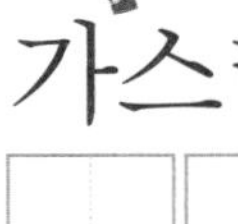

문장에 맞게 띄어쓰기를 해 볼까요?

가스레인지의불을껐어요.

정답 : 가스레인지의 불을 껐어요.

골 세리머니(○) 골 세레머니(×)

골 세리머니(goal ceremony)는 득점 뒤풀이를 뜻하는 말입니다.
우리말로 '기쁨짓'이라고도 합니다.

친구는 골 세리머니를 매일 연습해요.
운동은 싫어하면서 왜 골 세리머니를 연습하는지 모르겠어요.

따라서 써 볼까요?

나	는		골		세	리	머	니	를	
나	는		골		세	리	머	니	를	
어	떻	게		할	까	?				
어	떻	게		할	까	?				

(   ) 안의 틀린 낱말을 바르게 써 볼까요?

(골 세레머니)가 멋있어요.

문장에 맞게 띄어쓰기를 해 볼까요?

골세리머니를연구해요.

정답 : 골 세리머니를 연구해요.

깁스(○) 기브스(×)

깁스(gips)는 석고 붕대를 뜻하는 독일어입니다.
부러지거나 금이 간 뼈가 잘 붙을 수 있도록 단단하게 고정해 줍니다.

다리를 다쳐서 병원에서 깁스를 했어요.
나 말고도 깁스를 한 아이가 네 명이나 있었어요.

따라서 써 볼까요?

어	제		다	리	의		깁	스	를	
어	제		다	리	의		깁	스	를	
풀	었	어	요	.						
풀	었	어	요	.						

(　　) 안의 틀린 낱말을 바르게 써 볼까요?

팔에 (기브스)를 했어요.

문장에 맞게 띄어쓰기를 해 볼까요?

팔의깁스는언제풀어?

정답 : 팔의 깁스는 언제 풀어?

녹다운(○) 넉다운(×)

녹다운(knockdown)은 권투 선수가 상대에게 맞아서 바닥에 쓰러지거나 로프에 의지하는 등 몹시 지친 상태를 말합니다.

우리 동생은 한번 장난을 시작하면 내가 녹다운될 때까지 멈추지를 않아요.
동생이 먼저 녹다운되는 걸 한 번도 못 보았어요.

따라서 써 볼까요?

상대 선수를 한 방에 ∨

상대 선수를 한 방에

녹다운시켰어요.

녹다운시켰어요.

( ) 안의 틀린 낱말을 바르게 써 볼까요?

그 선수가 (넉다운)이 됐어요.

문장에 맞게 띄어쓰기를 해 볼까요?

급소를맞고녹다운당했어.

정답 : 급소를 맞고 녹다운당했어.

다이내믹(○) 다이나믹(×)

다이내믹(dynamic)은 활동적이고 힘이 있다는 뜻입니다.
음악에서 셈과 여림을 나타낼 때도 쓰입니다.

올림픽에 출전하는 선수들을 보면 모두 다이내믹해요.
다이내믹하지 않은 선수는 한 명도 못 보았어요.

따라서 써 볼까요?

아 이 돌 가 수 의 춤 은

아 이 돌 가 수 의 춤 은

다 이 내 믹 해 요 .

다 이 내 믹 해 요 .

(　　) 안의 틀린 낱말을 바르게 써 볼까요?

(다이나믹)한 느낌을 받았어요.

문장에 맞게 띄어쓰기를 해 볼까요?

야구는다이내믹한경기예요.

정답 : 야구는 다이내믹한 경기예요.

돈가스(○) 돈까스(×)

돈가스는 일본에서 들어온 음식입니다. 일본 사람들은 돈가스레스라고 불렀지만 우리나라에 들어와서 돈가스로 바뀌었어요.

우리 동네에는 왕 돈가스를 파는 식당이 있어요.
그 식당 돈가스는 맛도 있고, 크기도 커요.

따라서 써 볼까요?

동생이 미니 돈가스를 ∨ 시켰어요.

동생이 미니 돈가스를 시켰어요.

( ) 안의 틀린 낱말을 바르게 써 볼까요?

(돈까스)는 맛있어요.

문장에 맞게 띄어쓰기를 해 볼까요?

할머니는돈가스가싫대요.

정답 : 할머니는 돈가스가 싫대요.

렌터카(○) 렌트카(×)

렌터카(rent-a-car)는 돈을 내고 빌려 쓰는 자동차를 말합니다.

강원도에 놀러 가서 아빠가 렌터카를 빌렸어요.
렌터카를 타고 설악산도 가고 낙산사에도 갔어요.

따라서 써 볼까요?

기차역에 내려서 렌터카를 이용했어요.

기차역에 내려서 렌터카를 이용했어요.

( ) 안의 틀린 낱말을 바르게 써 볼까요?

아빠가 (렌트카)를 빌렸어요.

문장에 맞게 띄어쓰기를 해 볼까요?

렌터카를타고여행을해요.

정답 : 렌터카를 타고 여행을 해요.

로봇(○) 로보트(×)

로봇(robot)은 사람과 비슷한 모양을 하고,
걷기도 하고 말도 하는 기계장치를 말합니다.
어린이가 좋아하는 장난감도 있습니다.

미래에는 로봇들이 사람을 지배할 수도 있다는 말을 들었어요.
그 말을 듣고 나니까 로봇이 무섭다는 생각이 들었어요.

따라서 써 볼까요?

나는 로봇을 만드는

나는 로봇을 만드는

과학자가 되고 싶어요. ∨

과학자가 되고 싶어요.

(　　) 안의 틀린 낱말을 바르게 써 볼까요?

나는 (로보트)에 관심이 없어요.

문장에 맞게 띄어쓰기를 해 볼까요?

종일로봇을조립했어요.

정답 : 종일 로봇을 조립했어요.

리더십(○) 리더쉽(×)

리더십(leadership)은 무리를 다스리고 이끄는 지도자로서의 능력을 뜻합니다.

친구는 리더십이 강해요.
강한 리더십으로 사람들의 마음을 사로잡아요.

따라서 써 볼까요?

리	더	십	이		뛰	어	난		친	구
리	더	십	이		뛰	어	난		친	구
가		부	러	워	요	.				
가		부	러	워	요	.				

( ) 안의 틀린 낱말을 바르게 써 볼까요?

나는 (리더쉽)이 부족해요.

문장에 맞게 띄어쓰기를 해 볼까요?

리더십이강한지도자

정답 : 리더십이 강한 지도자

링거(○) 링겔(×)

링거(Ringer)는 우리 몸속에 있는 액체와 비슷하게 만들어진 주사액을 말합니다. 환자의 회복을 돕기 위해 정맥에 주사를 놓습니다.

병원에 입원해서 링거를 맞았어요.
링거를 맞을 때면 꼼짝도 못하니까 엄청 불편해요.

따라서 써 볼까요?

링거 주사를 맞을 때 ∨

링거 주사를 맞을 때

무서워서 울었어요.

무서워서 울었어요.

(　　) 안의 틀린 낱말을 바르게 써 볼까요?

(링겔) 병이 깨졌어요.

문장에 맞게 띄어쓰기를 해 볼까요?

입원해서링거를맞았어요.

정답 : 입원해서 링거를 맞았어요.

마니아(○) 매니아(×)

한 가지 일에 몹시 열중하는 사람을 마니아(mania)라고 합니다.
스포츠, 취미, 음식, 물건 등 마니아의 범위도 넓어지고 있습니다.

내 친구는 축구 마니아예요. 나중에 축구 선수가 될 거래요.
그런데 축구 마니아가 되면 축구 선수가 될 수 있을까요?

따라서 써 볼까요?

운동장에 축구 마니아

운동장에 축구 마니아

들이 모였어요.

들이 모였어요.

(　　) 안의 틀린 낱말을 바르게 써 볼까요?

책을 모으는 (매니아)도 있어요.

문장에 맞게 띄어쓰기를 해 볼까요?

우리형은만화마니아예요.

정답 : 우리 형은 만화 마니아예요.

마사지(○) 맛사지(×)

마사지(massage)는 손으로 두드리거나 주물러서 몸을 풀어주거나, 피부를 문질러서 곱고 건강하게 하는 미용법을 말합니다.

아빠가 허리가 아프다고 해서 마사지를 해 드렸어요.
동생도 덩달아 아빠 허리를 마사지했어요.

따라서 써 볼까요?

발 마사지를 받으니

발 마사지를 받으니

시원했어요.

시원했어요.

(　　) 안의 틀린 낱말을 바르게 써 볼까요?

(맛사지)로 근육을 풀었어요.

문장에 맞게 띄어쓰기를 해 볼까요?

엄마와마사지를했어요.

정답 : 엄마와 마사지를 했어요.

모차르트(○) 모짜르트(×)

모차르트(Mozart)**는 40여 곡의 교향곡과 각종 협주곡, 가곡, 피아노곡, 실내악, 종교곡, 오페라 등을 남긴 오스트리아의 작곡가**(1756~1791)**입니다.**

모차르트는 연주를 잘했지만, 엄청 괴짜였다고 해요. 나도 모차르트처럼 괴짜가 되면 음악을 잘할 수 있을까요?

따라서 써 볼까요?

모차르트는 다섯 살에 ∨
작곡을 시작했어요.

(　　) 안의 틀린 낱말을 바르게 써 볼까요?

(모짜르트)처럼 되고 싶어요!

문장에 맞게 띄어쓰기를 해 볼까요?

모차르트는훌륭한작곡가!

정답 : 모차르트는 훌륭한 작곡가!

미스터리(○) 미스테리(×)

미스터리(mystery)는 이해하거나 설명하기 어려운 이상한 일을 말합니다.

우리 형은 미스터리 영화광이에요. 나는 미스터리 영화보다는 만화 영화가 좋아요.

따라서 써 볼까요?

미	스	터	리		영	화	는		재	미
미	스	터	리		영	화	는		재	미
도		있	지	만		무	서	워	요	.
도		있	지	만		무	서	워	요	.

(　　) 안의 틀린 낱말을 바르게 써 볼까요?

그 일은 (미스테리)로 남았어요.

문장에 맞게 띄어쓰기를 해 볼까요?

이제야미스터리가풀렸어요.

정답 : 이제야 미스터리가 풀렸어요.

바비큐(○) 바베큐(×)

바비큐(barbecue)는 돼지나 소 등을 통째로 불에 굽는 요리입니다.

캠핑장에 가서 바비큐를 해 먹었어요.
바비큐 할 때 고기는 물론이고 소시지도 잔뜩 얹어요.

따라서 써 볼까요?

할 머 니   댁 에   가 서   바

할 머 니   댁 에   가 서   바

비 큐   파 티 를   했 어 요 .

비 큐   파 티 를   했 어 요 .

(　　) 안의 틀린 낱말을 바르게 써 볼까요?

점심 때 (바베큐)를 먹었어요.

문장에 맞게 띄어쓰기를 해 볼까요?

바비큐는부드럽고맛있어요.

정답 : 바비큐는 부드럽고 맛있어요.

배지(○) 뺏지(×)

배지(badge)는 신분을 나타내거나 어떤 것을 기념하기 위해 옷이나 모자에 붙이는 물건입니다.

할아버지가 학교에 다닐 때는 교복에 배지를 달았다고 해요.
배지가 없는 교복을 입고 학교에 가면 벌을 섰다고 해요.

따라서 써 볼까요?

풍	경	이		담	긴		배	지	를	
풍	경	이		담	긴		배	지	를	
모	으	는		게		취	미	예	요	.
모	으	는		게		취	미	예	요	.

(　　) 안의 틀린 낱말을 바르게 써 볼까요?

(뺏지)가 멋있어요.

문장에 맞게 띄어쓰기를 해 볼까요?

귀한배지는따로보관해요.

정답 : 귀한 배지는 따로 보관해요.

밸런타인데이(○) 발렌타인데이(×)

밸런타인데이(Valentine Day)는 2월 14일로,
사랑하는 사람끼리 선물이나 카드를 주고받는 풍습이 있습니다.

형이랑 누나는 밸런타인데이가 좋다고 해요.
밸런타인데이가 다가오면 들떠서 밥 먹는 것도 관심이 없어요.

따라서 써 볼까요?

밸런타인데이가 다가오

밸런타인데이가 다가오

고 있어요.

고 있어요.

( ) 안의 틀린 낱말을 바르게 써 볼까요?

(발렌타인데이)에 카드를 받았어요.

문장에 맞게 띄어쓰기를 해 볼까요?

밸런타인데이가언제야?

정답 : 밸런타인데이가 언제야?

뷔페(○) 부페(×)

뷔페(buffet)는 여러 가지 음식을 차려놓고
손님이 직접 덜어 먹도록 한 식당을 뜻하는 프랑스어입니다.

우리 가족 모두 뷔페식당에 갔어요.
뷔페식당에 가면 뭘 먼저 먹어야 할지 정신이 없어요.

따라서 써 볼까요?

뷔 페 에 　 가 서 　 음 식 을

뷔 페 에 　 가 서 　 음 식 을

배 불 리 　 먹 었 어 요 .

배 불 리 　 먹 었 어 요 .

(　　) 안의 틀린 낱말을 바르게 써 볼까요?

우리 가족은 (부페)에 갔어요.

문장에 맞게 띄어쓰기를 해 볼까요?

뷔페보다는갈빗집이좋아요.

정답 : 뷔페보다는 갈빗집이 좋아요.

블록(○) 블럭(×)

블록(block)은 쌓아 올리도록 만든 장난감을 말합니다.

형이 블록을 높이 쌓았어요.
나도 블록을 높이 쌓고 싶었지만 무너졌어요.

따라서 써 볼까요?

동생이 블록을 쌓아

동생이 블록을 쌓아

멋진 성을 만들었어요. ∨

멋진 성을 만들었어요.

(　　) 안의 틀린 낱말을 바르게 써 볼까요?

(블럭) 쌓기 놀이를 했어요.

문장에 맞게 띄어쓰기를 해 볼까요?

블록을선물로받았어요.

정답 : 블록을 선물로 받았어요.

비스킷(○) 비스켓(×)

비스킷(biscuit)은 밀가루에 설탕, 버터, 우유 따위를 섞어서 구운 과자입니다.

엄마가 간식으로 비스킷을 구워 주었어요.
엄마가 구운 비스킷은 정말 맛있어요.

따라서 써 볼까요?

비스킷을 받아서 맛있게 먹었어요.

비스킷을 받아서 맛있게 먹었어요.

(　　) 안의 틀린 낱말을 바르게 써 볼까요?

엄마하고 (비스켓)을 만들었어요.

문장에 맞게 띄어쓰기를 해 볼까요?

비스킷을많이먹고싶어요.

정답 : 비스킷을 많이 먹고 싶어요.

사이즈(○) 싸이즈(×)

사이즈(size)는 신발이나 옷의 치수를 뜻합니다.

작년에 한 사이즈 큰 옷을 샀어요.
사이즈가 큰 옷이어서 올해도 입을 수 있어요.

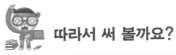

따라서 써 볼까요?

이 신발보다 큰 사이

이 신발보다 큰 사이

즈로 주세요.

즈로 주세요.

( ) 안의 틀린 낱말을 바르게 써 볼까요?

동생이 한 (싸이즈) 작게 입어요

문장에 맞게 띄어쓰기를 해 볼까요?

사이즈가딱맞는옷이에요.

정답 : 사이즈가 딱 맞는 옷이에요.

사인(○) 싸인(×)

사인(sign)은 자기만의 독특한 방법으로 자신의 이름을 쓰는 것을 말합니다.

좋아하는 가수의 사인을 받았어요.
그 가수의 사인을 친구들에게 자랑했어요.

따라서 써 볼까요?

멋지게 사인을 하고

멋지게 사인을 하고

싶은데 참 어려워요.

싶은데 참 어려워요.

( ) 안의 틀린 낱말을 바르게 써 볼까요?

친구와 (싸인)을 연습했어요.

문장에 맞게 띄어쓰기를 해 볼까요?

친구가사인을부탁했어요.

정답 : 친구가 사인을 부탁했어요.

새시(○) 샤시(×)

새시(sash)는 철이나 알루미늄 따위로 만든 창틀을 말합니다.

할머니 집은 새시가 오래 되어서 문을 열고 닫을 때마다 시끄러워요.
새시 소리가 나면 잠자던 강아지도 벌떡 일어나요.

따라서 써 볼까요?

창틀을 알루미늄 새시
창틀을 알루미늄 새시

로 바꿨어요.
로 바꿨어요.

(　　) 안의 틀린 낱말을 바르게 써 볼까요?

간판에 (샤시)라고 쓰여 있어요.

문장에 맞게 띄어쓰기를 해 볼까요?

새시를하니조용해요.

정답 : 새시를 하니 조용해요.

색소폰(○) 색스폰(×)

색소폰(saxophone)은 경음악이나 취주악에 많이 쓰이는 목관악기입니다.
테너, 알토, 소프라노 색소폰이 있습니다.

할아버지는 색소폰을 아주 잘 불어요.
색소폰을 처음 배울 때는 바람 소리밖에 안 나왔다고 해요.

따라서 써 볼까요?

할아버지는 색소폰을

할아버지는 색소폰을

아주 잘 불어요.

아주 잘 불어요.

(   ) 안의 틀린 낱말을 바르게 써 볼까요?

나도 (색스폰)을 불고 싶어요.

문장에 맞게 띄어쓰기를 해 볼까요?

색소폰부는모습이멋있다.

정답 : 색소폰 부는 모습이 멋있다.

선글라스(○) 썬그라스(×)

선글라스(sunglass)는 강한 햇빛으로부터 눈을 보호하기 위해 쓰는 색깔 있는 안경을 말합니다.

해수욕장에 갔는데 선글라스가 없으니까 눈이 엄청 부셨어요.
엄마 선글라스를 쓰고 놀았더니 괜찮았어요.

따라서 써 볼까요?

외	출	할		때	는		선	글	라	스
외	출	할		때	는		선	글	라	스
를		쓰	는		게		좋	아	요	.
를		쓰	는		게		좋	아	요	.

(　　) 안의 틀린 낱말을 바르게 써 볼까요?

낮에 (썬그라스)를 썼어요.

문장에 맞게 띄어쓰기를 해 볼까요?

선글라스를갖고싶어요.

정답 : 선글라스를 갖고 싶어요.

센티미터(○) 센치미터(×)

센티미터(centimeter)는 미터법에 따른 길이의 단위입니다.
1센티미터는 1미터의 100분의 1입니다.

개미는 먹이를 1센티미터 끌고 가는 것도 엄청 오래 걸려요.
개미한테 1센티미터는 엄청 먼 거리일 거예요.

따라서 써 볼까요?

키	가		작	년	보	다		5	센	티
키	가		작	년	보	다		5	센	티
미	터	나		더		컸	어	요	.	
미	터	나		더		컸	어	요	.	

(　　) 안의 틀린 낱말을 바르게 써 볼까요?

3(센치미터)가 짧아요.

문장에 맞게 띄어쓰기를 해 볼까요?

키가5센티미터만컸으면!

정답 : 키가 5센티미터만 컸으면!

소시지(○) 소세지(×)

소시지(sausage)는 돼지 창자나 얇은 막으로 만든 재료에 으깨어 양념한 고기를 채워 만든 가공식품을 말합니다.

할머니는 소시지를 몹시 싫어해요.
할머니는 내가 소시지를 좋아하는 이유를 정말 모르겠대요.

따라서 써 볼까요?

매	일		소	시	지	를		먹	으	면
매	일		소	시	지	를		먹	으	면
얼	마	나		좋	을	까	요	?		
얼	마	나		좋	을	까	요	?		

(　　) 안의 틀린 낱말을 바르게 써 볼까요?

(소세지)를 먹고 싶어요.

문장에 맞게 띄어쓰기를 해 볼까요?

소시지보다삼겹살이좋아요.

정답 : 소시지보다 삼겹살이 좋아요.

슈퍼마켓(○) 수퍼마켓(×)

슈퍼마켓(supermarket)은 생활용품을 대량으로 갖춰 놓고 싸게 파는 가게를 말합니다.

우리 동네에는 세 군데에 슈퍼마켓이 있어요.
그래도 가장 많이 가는 슈퍼마켓은 집에서 가까운 곳이에요.

따라서 써 볼까요?

슈 퍼 마 켓 에 서 　 친 한 　 친
슈 퍼 마 켓 에 서 　 친 한 　 친

구 를 　 만 났 어 요 .
구 를 　 만 났 어 요 .

(　　) 안의 틀린 낱말을 바르게 써 볼까요?

(수퍼마켓)에 갔어요.

문장에 맞게 띄어쓰기를 해 볼까요?

슈퍼마켓물건은엄청싸요.

정답 : 슈퍼마켓 물건은 엄청 싸요.

스노보드(○) 스노우보드(×)

스노보드(snow board)는 널빤지 위에 올라서서
눈이 쌓인 비탈을 미끄러지듯 내려오는 운동을 말합니다.

형은 스노보드를 아주 멋지게 타요.
그렇지만 나는 스노보드 타기가 무서워서 아직 못 배웠어요.

따라서 써 볼까요?

올	겨	울	에	는		꼭		스	노	보
올	겨	울	에	는		꼭		스	노	보
드	를		배	우	고		싶	어	요	.
드	를		배	우	고		싶	어	요	.

(　　) 안의 틀린 낱말을 바르게 써 볼까요?

스키보다 (스노우보드)를 탈래.

문장에 맞게 띄어쓰기를 해 볼까요?

스노보드를타다넘어졌어요.

정답 : 스노보드를 타다 넘어졌어요.

스펀지(○) 스폰지(×)

스펀지(sponge)는 생고무나 합성수지를 이용해서 만듭니다.
작은 구멍이 많아서 수분을 잘 빨아들이며 부드럽고 탄력이 있습니다.

스펀지 방석을 오래 썼더니 누래졌어요.
더러워진 스펀지 방석은 물에 빨아도 절대 하얘지지 않아요.

따라서 써 볼까요?

스펀지는 물을 잘 흡

스펀지는 물을 잘 흡

수해서 편리해요.

수해서 편리해요.

(　　) 안의 틀린 낱말을 바르게 써 볼까요?

방석에 (스폰지)를 넣었어요.

문장에 맞게 띄어쓰기를 해 볼까요?

스펀지로물을닦아요.

정답 : 스펀지로 물을 닦아요.

낱말 퀴즈 박사 되기

1

아래 글을 읽고, 맞는 단어에 ○해 볼까요?

1. 낡은 (가스레인지 / 가스렌지)를 버렸어요.
2. 다리를 다쳐서 (기브스 / 깁스)를 했어요.
3. 엄마가 (돈가스 / 돈까스)를 만들었어요.
4. 미래에는 정말 (로보트 / 로봇)이 세상을 지배할까요?
5. 우리 가족은 (뷔페 / 부페) 식당을 자주 가요.
6. 엄마가 만든 (비스킷 / 비스켓)은 아주 맛있어요.
7. 멋진 (사인 / 싸인)은 어떻게 하면 될까요?
8. 우리 동네에 큰 (수퍼마켓 / 슈퍼마켓)이 생겼어요.
9. 멋지게 (스노보드 / 스노우보드)를 타고 싶어요.
10. 부드러운 (스폰지 / 스펀지)로 유리를 닦았어요.

정답

1 1. 가스레인지 2. 깁스 3. 돈가스 4. 로봇 5. 뷔페 6. 비스킷 7. 사인 8. 슈퍼마켓 9. 스노보드 10. 스펀지

2 1. 로봇 2. 깁스 3. 링거 4. 소시지

3 1. 소시지 2. 깁스 3. 스펀지 4. 비스킷 5. 배지

2

낱말을 찾아 어린이 시를 완성해 볼까요?

- 깁스
- 로봇
- 소시지
- 링거

제목 : 깁스한 다리

친구와 (　　　　)놀이를 하다
다리가 부러졌어요
병원에 가서 (　　　　)를 하고
(　　　　)도 맞았어요
입맛이 뚝 떨어져서
통닭도 싫고
(　　　　)도 싫어지고
"안 먹으면 다리 안 나아."
엄마 말이 맞다면
나는 영원히 못 걸을지 몰라요

3

끝말잇기에 맞는 낱말을 찾아볼까요?

- 스펀지
- 배지
- 소시지
- 비스킷
- 깁스

1. 주황 ▸▸ 황소 ▸▸ (　　　　) ▸▸ 지갑
2. (　　　　) ▸▸ 스케이트 ▸▸ 트럭 ▸▸ 럭비
3. 참가 ▸▸ 가스 ▸▸ (　　　　) ▸▸ 지옥
4. 수영 ▸▸ 영화배우 ▸▸ 우비 ▸▸ (　　　　)
5. 참새 ▸▸ 새벽종 ▸▸ 종이배 ▸▸ (　　　　)

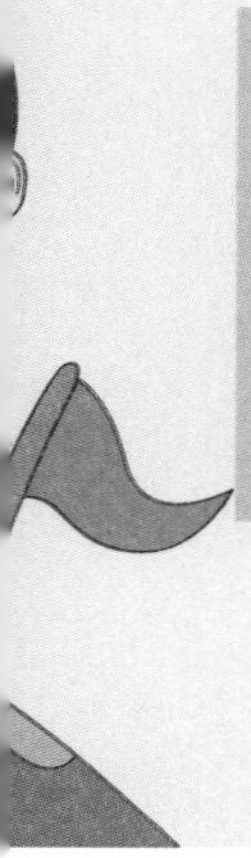

알레르기(○) 알러지(×)

알레르기(Allergie)는 어떤 물질이 몸속에 들어갔을 때 나타나는 두드러기, 가려움증, 구토 등의 거부 반응을 말합니다.

할아버지는 봄만 되면 꽃가루 알레르기 때문에 고생해요.
그래서 꽃은 좋지만 꽃가루 알레르기는 정말 무섭다고 해요.

따라서 써 볼까요?

내 동생은 복숭아 알

내 동생은 복숭아 알

레르기가 있어요.

레르기가 있어요.

( ) 안의 틀린 낱말을 바르게 써 볼까요?

꽃가루 (알러지)는 정말 싫어요.

문장에 맞게 띄어쓰기를 해 볼까요?

알레르기로고생을했어요.

정답 : 알레르기로 고생을 했어요.

앙코르(○) 앵콜(×)

앙코르(encore)는 출연자의 훌륭한 솜씨를 찬양하면서
다시 한 번 보여 줄 것을 청하는 일을 뜻하는 프랑스어입니다.

연주회가 끝나니까 사람들이 앙코르를 외쳤어요.
나도 덩달아 목청껏 앙코르를 외쳤어요.

따라서 써 볼까요?

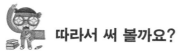

사	람	들	이		앙	코	르	를		외
사	람	들	이		앙	코	르	를		외
치	기		시	작	했	어	요	.		
치	기		시	작	했	어	요	.		

(　　) 안의 틀린 낱말을 바르게 써 볼까요?

(앵콜) 소리가 요란했어요.

문장에 맞게 띄어쓰기를 해 볼까요?

세번이나앙코르를받았어.

정답 : 세 번이나 앙코르를 받았어.

애드리브(○) 애드립(×)

애드리브(ad lib)는 연극이나 방송에 나온 사람이 대본에 없는 말이나 행동을 즉흥적으로 하는 일을 말합니다.

친구들과 모여서 연극을 연습하는데 한 친구가 애드리브를 정말 잘했어요.
그 친구가 애드리브를 할 때마다 웃느라고 정신을 못 차릴 정도였어요.

따라서 써 볼까요?

그		개	그	맨	은		애	드	리	브
그		개	그	맨	은		애	드	리	브
를		잘	해	서		재	밌	어	요	.
를		잘	해	서		재	밌	어	요	.

(   ) 안의 틀린 낱말을 바르게 써 볼까요?

언제나 재미있고 신나는 (애드립)!

문장에 맞게 띄어쓰기를 해 볼까요?

재치있는애드리브가좋아요.

정답 : 재치 있는 애드리브가 좋아요.

앰뷸런스(○) 앰블란스(×)

앰뷸런스(ambulance)는 위급한 환자나 부상자를 신속하게 병원으로 실어 나르는 구급차입니다.

엄마가 허리를 다쳐서 앰뷸런스를 불렀어요.
앰뷸런스가 생각보다 빨리 도착했어요.

따라서 써 볼까요?

앰뷸런스 한 대가 빠르게 달리고 있어요.

앰뷸런스 한 대가 빠르게 달리고 있어요.

(　　) 안의 틀린 낱말을 바르게 써 볼까요?

(앰블란스)를 불렀어요.

문장에 맞게 띄어쓰기를 해 볼까요?

앰뷸런스를먼저보냈어요.

정답 : 앰뷸런스를 먼저 보냈어요.

에어컨(○) 에어콘(×)

에어컨은 에어컨디셔너(air conditioner)가 줄어든 말입니다.

에어컨을 켜니 금세 방 안이 시원해졌어요.
에어컨도 없이 여름을 지내기는 정말 힘들어요.

따라서 써 볼까요?

에 어 컨 을 켜 면 전 기
에 어 컨 을 켜 면 전 기

요 금 이 많 이 나 와 요.
요 금 이 많 이 나 와 요.

(   ) 안의 틀린 낱말을 바르게 써 볼까요?

더워서 (에어콘)을 켰어요.

문장에 맞게 띄어쓰기를 해 볼까요?

에어컨앞을떠나기싫어요.

정답 : 에어컨 앞을 떠나기 싫어요.

잉글리시(○) 잉글리쉬(×)

잉글리시(english)는 영어입니다.

잉글리시는 영어예요.
영어라고 하지 않고 잉글리시라고 하면 영어를 엄청 잘하는 것 같아요.

따라서 써 볼까요?

동	생	은		자	기	가		잉	글	리
동	생	은		자	기	가		잉	글	리
시		박	사	래	요	.				
시		박	사	래	요	.				

( ) 안의 틀린 낱말을 바르게 써 볼까요?

너 (잉글리쉬) 할 줄 알아?

문장에 맞게 띄어쓰기를 해 볼까요?

잉글리시방송을들었어요.

정답 : 잉글리시 방송을 들었어요.

주스(○) 쥬스(×)

주스(juice)는 과일이나 야채를 짜낸 즙을 말합니다.

아침마다 오렌지를 갈아서 주스를 만들어요.
아침에 먹는 주스는 몸을 건강하게 해줘요.

따라서 써 볼까요?

더	워	서		시	원	한		주	스	
더	워	서		시	원	한		주	스	
한		잔	을		마	셨	어	요	.	
한		잔	을		마	셨	어	요	.	

(　　) 안의 틀린 낱말을 바르게 써 볼까요?

복숭아(쥬스)는 참 달콤해요.

문장에 맞게 띄어쓰기를 해 볼까요?

신선한야채로만든주스

정답 : 신선한 야채로 만든 주스

초콜릿(○) 초콜렛(×)

초콜릿(chocolate)은 카카오나무 열매의 씨를 볶아서 만든 가루에 우유와 설탕, 향료 등을 섞어서 만듭니다.

초콜릿 공장을 구경하고 싶어요. 공장에 가서 초콜릿을 맘껏 먹어 보고 싶어요.

따라서 써 볼까요?

초 콜 릿 을 입 에 넣 으 면 ∨

초 콜 릿 을 입 에 넣 으 면

살 살 녹 아 요 .

살 살 녹 아 요 .

(　　) 안의 틀린 낱말을 바르게 써 볼까요?

(초콜렛) 공장에 가고 싶어요.

문장에 맞게 띄어쓰기를 해 볼까요?

초콜릿에든땅콩은고소해.

정답 : 초콜릿에 든 땅콩은 고소해.

카디건(○) 가디건(×)

카디건(cardigan)은 털실로 짠 스웨터입니다.
앞자락을 단추로 채우게 되어 있고, 소매가 있는 것도 있고, 없는 것도 있습니다.

누나는 항상 카디건 하나를 가방에 넣고 다녀요.
카디건이 있으면 필요할 때마다 걸칠 수 있어서 좋다고 해요.

따라서 써 볼까요?

추워서 두툼한 카디건

추워서 두툼한 카디건

을 걸쳤어요.

을 걸쳤어요.

(　　) 안의 틀린 낱말을 바르게 써 볼까요?

얇은 (가디건)이 필요해요.

문장에 맞게 띄어쓰기를 해 볼까요?

오빠는카디건을좋아해요.

정답 : 오빠는 카디건을 좋아해요.

칼라(○) 카라(×)

칼라(collar)는 목둘레에 길게 덧붙여진 깃을 뜻하는 말입니다.
비슷한 발음의 컬러(color)는 색을 뜻하므로 주의해야 합니다.

할아버지는 티셔츠 칼라를 항상 세워요. 칼라를 세우면 훨씬 젊어 보인다나요.

따라서 써 볼까요?

잠	바		칼	라	에		예	쁜		장
잠	바		칼	라	에		예	쁜		장
미	꽃	이		그	려	져		있	어	요.
미	꽃	이		그	려	져		있	어	요.

∨

(　　) 안의 틀린 낱말을 바르게 써 볼까요?

코트 (카라)를 올렸어요.

문장에 맞게 띄어쓰기를 해 볼까요?

블라우스에칼라를달았어요.

정답 : 블라우스에 칼라를 달았어요.

캐럴(○) 캐롤(×)

캐럴(carol)은 크리스마스에 부르는 성탄 축하 노래입니다.

광화문에 나갔는데 구세군 옆에서 캐럴이 들려왔어요.
동생은 흥겨운 캐럴에 맞춰 신나게 춤을 추었어요.

따라서 써 볼까요?

내 가 좋 아 하 는 캐 럴 은 ∨

내 가 좋 아 하 는 캐 럴 은

징 글 벨 이 에 요 .

징 글 벨 이 에 요 .

(　　) 안의 틀린 낱말을 바르게 써 볼까요?

친구와 (캐롤)을 불렀어요.

문장에 맞게 띄어쓰기를 해 볼까요?

거리에서캐럴이들려와요.

정답 : 거리에서 캐럴이 들려와요.

커닝(○) 컨닝(×)

커닝(cunning)은 시험을 칠 때 감독하는 사람 몰래 남의 것을 베끼거나 미리 준비한 답을 보고 쓰는 일을 말합니다.

우리 형도 커닝을 할 때가 있었다고 해요.
그런데 틀린 답을 커닝하면 하나 마나라고 하지 말래요.

따라서 써 볼까요?

친구의 시험지를 살짝 ∨

친구의 시험지를 살짝

커닝했어요.

커닝했어요.

( ) 안의 틀린 낱말을 바르게 써 볼까요?

제발 (컨닝) 좀 그만 해!

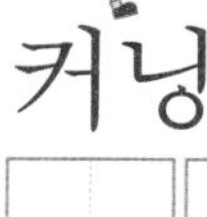

문장에 맞게 띄어쓰기를 해 볼까요?

커닝은정말나빠요.

정답 : 커닝은 정말 나빠요.

콘서트(○) 컨서트(×)

콘서트(concert)는 음악을 연주하여 사람들이 음악을 감상할 수 있도록 하는 연주회를 뜻합니다.

우리 가족은 연말이면 항상 콘서트에 다녀와요.
콘서트를 다녀오면 한 해가 끝나고 새해가 시작된다는 생각이 들어요.

따라서 써 볼까요?

좋아하는 가수의 콘서트에 가고 싶어요.

좋아하는 가수의 콘서트에 가고 싶어요.

(　　) 안의 틀린 낱말을 바르게 써 볼까요?

연말에는 (컨서트)가 많이 열려요.

문장에 맞게 띄어쓰기를 해 볼까요?

콘서트에가보고싶어요.

정답 : 콘서트에 가 보고 싶어요.

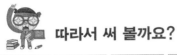

콩쿠르(○) 콩쿨(×)

콩쿠르(concours)는 음악이나 미술, 영화 등을 장려하기 위해 여는 경연 대회라는 뜻의 프랑스어입니다.

친구는 피아노 콩쿠르에 자주 나가요.
콩쿠르에 나가서 상을 받으면 기분이 엄청 좋다고 해요.

따라서 써 볼까요?

학 교 대 표 로 피 아 노

콩 쿠 르 에 나 갔 어 요 .

( ) 안의 틀린 낱말을 바르게 써 볼까요?

실력을 뽐내는 신나는 (콩쿨)!

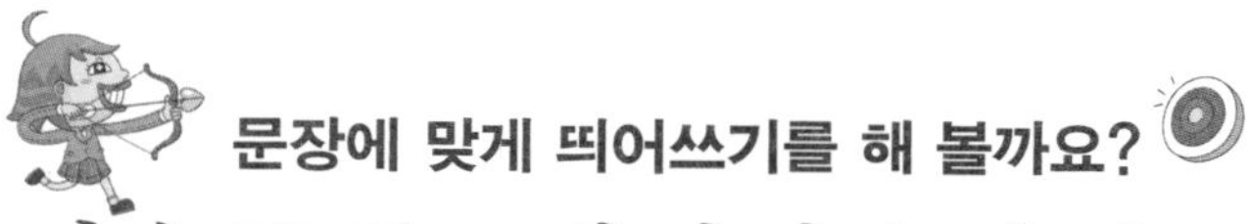

문장에 맞게 띄어쓰기를 해 볼까요?

미술콩쿠르에서상을탔어.

정답 : 미술 콩쿠르에서 상을 탔어.

타깃(○) 타켓(×)

타깃(target)은 과녁이나 표적, 목표, 중심을 이르는 말입니다.

벽에다 동그랗게 타깃을 그려 놓고 구슬 던지기를 했어요.
그런데 내가 던진 구슬이 타깃을 벗어나 거울을 깨고 말았어요.

따라서 써 볼까요?

타 깃 을 바 라 본 후 방

타 깃 을 바 라 본 후 방

아 쇠 를 당 겼 어 요 .

아 쇠 를 당 겼 어 요 .

( ) 안의 틀린 낱말을 바르게 써 볼까요?

총알이 (타켓)을 맞혔어요.

문장에 맞게 띄어쓰기를 해 볼까요?

화살이타깃을벗어났어요.

정답 : 화살이 타깃을 벗어났어요.

탤런트(○) 탈렌트(×)

탤런트(talent)는 텔레비전 드라마에 출연하는 연기자를 말합니다.

내 친구는 탤런트가 꿈이래요.
나중에 유명한 탤런트가 되면 나한테 방송국 구경을 시켜 주겠대요.

따라서 써 볼까요?

연기를 잘하는 탤런트

연기를 잘하는 탤런트

가 되고 싶어요.

가 되고 싶어요.

(　　) 안의 틀린 낱말을 바르게 써 볼까요?

좋아하는 (탈렌트)를 보았어요.

문장에 맞게 띄어쓰기를 해 볼까요?

탤런트들은연기를잘해요.

정답 : 탤런트들은 연기를 잘해요.

파이팅(○) 화이팅(×)

파이팅(fighting)은 운동 경기에서 선수들끼리 잘 싸우자는 뜻으로 외치는 소리입니다. 선수들을 응원할 때도 파이팅! 하고 외칩니다.

친구들이 내 이름을 부르며 파이팅을 외쳤어요.
나도 파이팅! 우렁차게 외쳤고요.

따라서 써 볼까요?

모	두		손	을		잡	고		힘	차
모	두		손	을		잡	고		힘	차
게		파	이	팅	을		외	쳤	어	요.
게		파	이	팅	을		외	쳤	어	요.

∨

(　　) 안의 틀린 낱말을 바르게 써 볼까요?

(화이팅) 소리에 힘이 났어요.

문장에 맞게 띄어쓰기를 해 볼까요?

목청껏파이팅을외쳤어요.

정답 : 목청껏 파이팅을 외쳤어요.

판다(○) 팬더(×)

판다(panda)는 아메리카너구릿과의 레서판다와 곰과의 대왕판다를 통틀어 이르는 말입니다.

판다가 주인공인 영화를 보았어요.
정말로 그렇게 무술이 뛰어난 판다가 있다면 어떨까요?

따라서 써 볼까요?

동물원의 대왕판다는

동물원의 대왕판다는

대나무를 잘 먹어요.

대나무를 잘 먹어요.

( ) 안의 틀린 낱말을 바르게 써 볼까요?

동생은 (팬더)를 좋아해요.

문장에 맞게 띄어쓰기를 해 볼까요?

판다는눈이귀여워요.

정답 : 판다는 눈이 귀여워요.

팡파르(○) 빵빠레(×)

팡파르(fanfare)는 축제나 축하 의식에 쓰는, 짧고 씩씩한 음악이나 가락을 말합니다.

영화를 보았는데 승리를 하고 돌아온 장군을 향해 팡파르가 울렸어요.
내가 꼭 그 장군이 되어 팡파르 소리를 듣는 것 같았어요.

따라서 써 볼까요?

경기 시작 전에 팡파

경기 시작 전에 팡파

르가 크게 울렸어요.

르가 크게 울렸어요.

( ) 안의 틀린 낱말을 바르게 써 볼까요?

승리의 (빵빠레)는 정말 멋져요.

문장에 맞게 띄어쓰기를 해 볼까요?

팡파르가울렸으면좋겠어.

정답 : 팡파르가 울렸으면 좋겠어.

프라이팬(○) 후라이팬(×)

프라이팬(frypan)은 프라이를 할 때 쓰는 얇고 넓적한 냄비입니다.
긴 자루가 달려 있습니다.

형이 프라이팬에 고기를 구워 먹자고 했어요.
그런데 실수로 프라이팬을 까맣게 태우고 말았어요.

따라서 써 볼까요?

프	라	이	팬	에		달	걀		프	라
프	라	이	팬	에		달	걀		프	라
이	를		했	어	요	.				
이	를		했	어	요	.				

(   ) 안의 틀린 낱말을 바르게 써 볼까요?

(후라이팬)을 샀어요.

문장에 맞게 띄어쓰기를 해 볼까요?

프라이팬에김치를볶아요.

정답 : 프라이팬에 김치를 볶아요.

플래카드(○) 프랭카드(×)

플래카드(placard)는 긴 천에 표어나 안내 문구를 적어 양쪽을 장대에 매어 높이 들거나 잘 보이는 곳에 달아놓은 표지물을 말합니다.

사거리에는 플래카드가 여러 개 걸려 있어요.
플래카드가 안 걸려 있는 날은 한 번도 없었던 것 같아요.

따라서 써 볼까요?

경기를 알리는 플래카

경기를 알리는 플래카

드가 걸려 있어요.

드가 걸려 있어요.

( ) 안의 틀린 낱말을 바르게 써 볼까요?

버려진 (프랭카드)로 뭘 할까?

문장에 맞게 띄어쓰기를 해 볼까요?

새로운플래카드가걸렸어요.

정답 : 새로운 플래카드가 걸렸어요.

할리우드(○) 헐리우드(×)

할리우드(Hollywood)는 미국에 있는데 영화 제작이 활발한 곳으로 유명합니다.

할리우드 영화가 왜 유명한지 모르겠어요.
나는 우리나라 만화 영화가 훨씬 재미있거든요.

따라서 써 볼까요?

미	국	에		가	서		할	리	우	드
미	국	에		가	서		할	리	우	드
를		구	경	하	고		싶	어	요	.
를		구	경	하	고		싶	어	요	.

(　　) 안의 틀린 낱말을 바르게 써 볼까요?

친구는 (헐리우드) 배우가 좋대요.

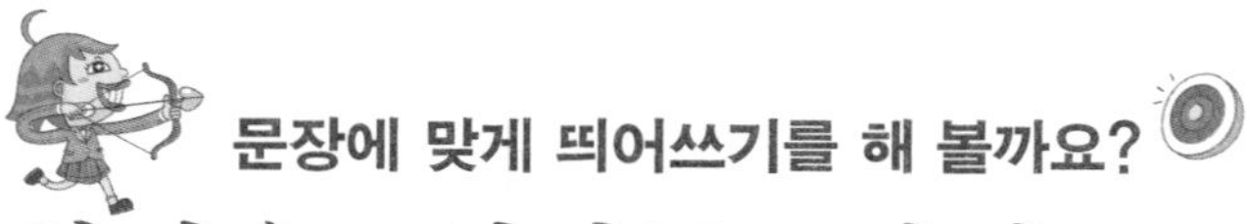

문장에 맞게 띄어쓰기를 해 볼까요?

할리우드영화를보았어요.

정답 : 할리우드 영화를 보았어요.

낱말 퀴즈 박사 되기

1

아래 글을 읽고, 맞는 단어에 ○해 볼까요?

1. 봄이면 (알러지 / 알레르기) 때문에 고생을 해요.
2. 뮤지컬 (앙콜 / 앙코르) 공연을 보러 갔어요.
3. 엄마가 아파서 (앰뷸런스 / 앰블란스)를 불렀어요.
4. 시원하게 (쥬스 / 주스) 한 잔을 마셨어요.
5. 생일 선물로 (초콜릿 / 초콜렛) 한 박스를 받았어요.
6. 엄마가 예쁜 (가디건 / 카디건)을 사 주셨어요.
7. 티셔츠 (칼라 / 카라)가 땀에 흠뻑 젖었어요.
8. 이벤트에 당첨돼 (콘서트 / 컨서트)에 가게 됐어요.
9. 크리스마스 (캐럴 / 캐롤)을 들으면 마음이 따뜻해져요.
10. 미국에 가면 (할리우드 /헐리우드)를 꼭 가고 싶어요.

정답

1 1. 알레르기 2. 앙코르 3. 앰뷸런스 4. 주스 5. 초콜릿 6. 카디건 7. 칼라 8. 콘서트 9. 캐럴 10. 할리우드

2 1. 알레르기 2. 주스 3. 앰뷸런스

3 1. 카디건 2. 앰뷸런스 3. 파이팅 4. 알레르기 5. 초콜릿

2

낱말을 찾아 어린이 시를 완성해 볼까요?

- 주스
- 알레르기
- 앰뷸런스

제목 : 알레르기

봄이면 콧속이 근질글질
이노무 꽃 (　　　)는
정말 지겨워.
(　　　)만 마셔도 콧물은 줄줄
재채기는 끝도 없이 에취~ 에취!
(　　　) 타고 병원에 갈
정도는 아니지만
금방 숨이 끊어질 것처럼 힘들다.

3

끝말잇기에 맞는 낱말을 찾아볼까요?

- 앰뷸런스
- 초콜릿
- 카디건
- 알레르기
- 파이팅

1. (　　　) ▸▸ 건강 ▸▸ 강물 ▸▸ 물수제비
2. (　　　) ▸▸ 스케이트 ▸▸ 트럭 ▸▸ 럭비
3. 시청 ▸▸ 청소 ▸▸ 소파 ▸▸ (　　　)
4. 새알 ▸▸ (　　　) ▸▸ 기침 ▸▸ 침대
5. 우동 ▸▸ 동양 ▸▸ 양초 ▸▸ (　　　)

생각디딤돌 창작교실 엮음
생각디딤돌 창작교실은 소설가, 동화작가, 시인, 수필가, 역사학자, 교수, 교사 들이 참여하는 창작 공간입니다.
주로 국내 창작 위주의 책을 기획하며 우리나라 어린이들이 외국의 정서에 앞서 우리 고유의 정서를 먼저 배우고 익히기를 소원하는 작가들의 모임입니다.

문학나무편집위원회 감수
소설가 윤후명 선생님을 비롯한 많은 소설가, 시인, 평론가 등이 활동하며 문예지 〈문학나무〉를 발간하고 있습니다.

동리문학원 감수
소설가 황충상 원장님이 이끌어가는 창작 교실로 우리나라의 많은 문학 작가들의 활동 무대입니다.

마법의 맞춤법 띄어쓰기
6 틀리기 쉬운 외래어 완전 정복

초판 1쇄 발행 / 2021년 08월 05일
초판 1쇄 인쇄 / 2021년 08월 10일

엮은이 —— 생각디딤돌 창작교실
감　수 —— 문학나무편집위원회, 동리문학원
펴낸이 —— 이영애
펴낸곳 —— 도서출판 생각디딤돌
출판등록 2009년 3월 23일 제135-95-11702
전화 070-7690-2292　팩스 02-6280-2292

ISBN　978-89-93930-63-4(64710)
978-89-93930-52-8(세트)